왜 자꾸 짜증 나지?

스콜라 scola_가치 있는 책을 만드는 아름다운 책 학교
(주)위즈덤하우스의 아동·청소년 브랜드입니다.

글 양지안

어린이 책 작가교실에서 공부하고 〈애벌레는 알고 있을까?〉로 MBC창작동화 대상을 받았습니다. 그동안 《노력파는 아무도 못 당해》《천만의 말씀 만만의 콩떡》《100점짜리 맹일권》《나는 커서 어떤 일을 할까?》《공부가 재밌어?》 등을 비롯하여 여러 편의 동화를 썼습니다. 어떻게 하면 더 재미있고 알찬 글을 쓸 수 있을까? 늘 고민한답니다.

그림 김다정

부산에서 태어나 시각디자인과 일러스트레이션을 공부했습니다. 어릴 적 쉬는 시간마다 친구들과 노트에 만화를 그리며 놀았는데, 그 순간이 즐거운 추억으로 남아 있습니다. 그때처럼 그림으로 대화하고, 나아가 감동을 주고 싶습니다. 그린 책으로 《겁쟁이 아냐, 조심대왕이야》《소년 소녀 무중력 비행중》《가족을 주문해 드립니다》《별》 등이 있습니다.

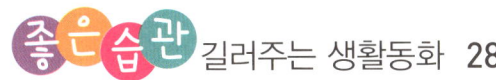
좋은습관 길러주는 생활동화 28

스트레스. 푸는. 방법을. 알려주는. 책.

왜 자꾸 짜증 나지?

글 양지안 | 그림 김다정

위즈덤하우스

| 작가의 말 |

스트레스, 차곡차곡 쌓지 말고 슬기롭게 풀어 보세요!

우리 몸은 참 똑똑해요. 몸에 해로운 것이 들어오면 먹은 걸 토해 내거나 설사를 해서 몸 밖으로 빨리 내보내요. 그렇게 할 수 없을 때에는 재채기를 하거나 두드러기를 일으키며 알려 주지요.

"경고, 경고, 위험한 녀석이 들어왔다!"

우리 몸을 지키는 보초들은 끊임없이 일을 해요.

익숙한 곳에서 잘 아는 사람을 만나거나, 늘 하던 일을 할 때는 보초들도 편안해요. 하지만 낯선 곳에서 모르는 사람을 만나거나, 새로운 일을 하게 되면 보초들은 정신을 바짝 차리지요. 언제 무슨 일이 일어날지 모르니까요. 그럴 때 느끼는 긴장이나 불안을 '스트레스'라고 해요.

우리는 날마다 똑같이 살 수 없기 때문에 스트레스를 받지 않고 살아가기는 힘들어요. 이렇게 스트레스를 전혀 받지 않고 살 수는 없지만 사람마다 스트레스를 받는 양은 달라요. 그리고 스트레스를 똑같이 받는다 해도 바로 풀어 버리는 사람이 있는 반면, 그때그때 풀지 못하고 차곡차곡 쌓아 두는 사람이 있어요.

　스트레스는 흔히 온갖 병을 만드는 뿌리라고 해요. 대부분의 병은 마음에서 오기 때문이지요. 그렇다고 모든 스트레스가 나쁜 건 아니에요. 새 친구를 만나 새로운 놀이를 할 때도 우리 몸은 어떤 일이 일어날지 몰라 긴장하고 불안해 해요. 이것 역시 스트레스지만, 몸에 해를 끼치지 않는 좋은 스트레스라고 할 수 있어요. 적당한 스트레스는 병이 되지 않아요. 스트레스가 잔뜩 쌓여야 병이 되는 거예요.

　그럼 어떻게 해야 나쁜 스트레스를 덜 받을 수 있을까요? 또 스트레스를 쌓아 놓지 않고 잘 풀려면 어떻게 해야 할까요?

　이제 막 만화를 배우기 시작한 민규는 스트레스를 어떻게 풀어 내는지, 민규 이야기를 들어 보세요. 어떤 이야기일지, 두근두근 기대되는 좋은 스트레스와 함께 이야기 속으로 풍덩 빠져 보세요.

| 차례 |

작가의 말   스트레스, 차곡차곡 쌓지 말고 슬기롭게 풀어 보세요!   4

두근두근
민규가 온다   8

너희는
모를 거야   16

도대체
왜 그래?   22

짜증도
옮나 봐   30

 다들 **그만해** 39

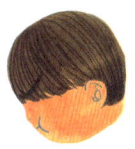 **왜** 그런지 **말해 봐** 48

 **스트레스,** 썩 물러가거라! 60

 이제 같이 **웃어 봐** 68

| 부록 |

짜증 내지 않고 스트레스 조절하기   74

❶ 나는 스트레스를 잘 받는 아이일까,
   스트레스를 잘 푸는 아이일까?

❷ 스트레스를 시원하게 날려 버리는 방법

❸ 나만의 스트레스 해소법

두근두근 민규가 온다

"네 생각은 어때?"

아빠가 주영이 언니에게 물었어요.

그때만 해도 다영이는 아빠와 언니가 주고받는 이야기에는 눈곱만큼도 관심이 없었어요. 그저 저녁 밥상 위에 놓인 제 몫의 생선과 언니의 생선을 비교해 보는 데만 정신이 팔려 있었어요. 얼핏 보면 비슷하지만, 가만히 눈여겨보면 언니 생선이 더 통통하니 살이 많은 것 같았거든요.

'언니가 나보다 나이는 열한 살이나 많지만 나만큼 생선을

좋아하는 건 아니잖아? 좋아하는 사람이 당연히 더 많이 먹어야지.'

다영이가 자기 생선을 언니의 생선과 맞바꾸려고 집어 들었을 때였어요.

"빵집 아들? 다영이와 같은 반이라는 애?"

언니 말이, 그중에서도 '빵집 아들'이라는 말이 다영이 귀에 쏙 들어왔어요. 그 순간, 생선 따위는 다영이 관심 밖으로 멀리 날아가 버렸어요.

"김민규가 왜?"

다영이가 끼어들어 물었어요. 언니 말에 대답하려던 아빠가 다영이 말에 먼저 대답해 주었어요.

"응, 민규가 이번 방학 때 만화를 꼭 배우고 싶다는데 아빠가 시간 내기 어려워서."

다영이네 집은 미술 학원을 해요. 엄마는 초등학생과 중학생에게 미술을 가르치고, 아빠는 고등학생에게 만화를 가르쳐요.

엄마가 아빠 말을 이어 갔어요.

"너도 알다시피 우리 학원이 방학 때 특강이 많잖니. 초등 만화반을 따로 만들기도 힘들고. 그래서 주영이가 방학 동안 집에서 하루 한 시간씩 민규를 가르치면 어떨까 하고. 민규 엄마는 좋다고……."

엄마 말이 끝나기 전에 다영이가 또 끼어들었어요.

"나도 좋아. 정말 좋아!"

다영이는 신이 났어요. 그러잖아도 이번에 민규와 짝이 되지 못해 서운했거든요. 그런데 방학 때 날마다 집에서 민규를 만날 수 있다니요! 헤헤헤, 웃음이 저절로 나왔어요.

언니는 어이없다는 눈빛으로 다영이를 바라보았어요.

"네 의견은 필요 없거든. 네가 가르치는 게 아니잖아."

"나도 알아!"

다영이는 평소대로 대뜸 말대꾸했다가 곧바로 말투를 부드럽게 바꾸었어요.

"당연히 만화를 전공하는 언니가 가르쳐야지. 언니, 방학 때 아르바이트한다고 했잖아? 만화 가르치는 거, 딱 좋다. 안 그래?"

언니는 천천히 고개를 끄덕였어요. 그런데 다영이 말에 맞장구치느라 끄덕인 게 아니에요. 다영이가 왜 이렇게 언니를 칭

찬하며 열심히 부추기는지 빤히 알겠다는 뜻으로 끄덕인 거예요. 언니는 짓궂게 씩 웃으며 말했어요.

"이다영! 너, 김민규 좋아하는구나?"

"정말 그런가 보네."

엄마, 아빠도 웃었어요.

다영이는 얼굴이 발개지는 바람에 아니라고 잡아떼지 못했어요. 그 대신 언니를 다그쳤어요.

"그래서 할 거야, 말 거야?"

언니는 내키지 않는 듯이 말했어요.

"만화 가르치는 건 좋은데, 민규 성격이 까다로워 보여서 잘 따라올지 모르겠네. 민규는 볼 때마다 얼굴을 요렇게 찡그리고 있더라."

언니는 이마에 주름을 잔뜩 만들면서 민규 표정을 흉내 냈어요. 그 모습이 어찌나 우스꽝스러운지 다영이는 그만 웃음을 터뜨리고 말았어요. 하지만 곧바로 웃음을 삼키고, 민규 편을 들기 시작했어요.

"민규가 얼마나 인기가 많은데. 얼굴도 잘생기고, 공부도 잘하고. 나는 찡그리는 거 한 번도 못 봤는걸."

언니는 다영이 말을 믿을 수 없다는 듯이 어깨를 으쓱해 보였어요. 그러자 엄마가 언니에게 말했어요.

"민규는 뭘 하든 정말 열심히 한대. 학원도 다섯 군데나 다닌다는데, 민규가 배우고 싶다고 해서 보내는 거라고 민규 엄마가 자랑하더라. 한번 가르쳐 봐. 네가 배울 점도 있을 거야."

"언니잉."

다영이는 말꼬리를 길게 늘어뜨리며 아양을 떨었어요. 언니는 다영이의 성화에 못 이기는 척 말했어요.

"그럼 한번 해 볼까? 내가 배운 대로 가르치면 되는 거지?"

"와!"

다영이는 정말 기뻤어요.

너희는 모를 거야

'여름방학을 알차게 보내는 방법'이라는 주제로 모둠 활동을 하고 있을 때였어요.

"무슨 좋은 일 있어? 아까부터 자꾸 웃네."

같은 모둠인 지원이가 다영이에게 물었어요.

'방학하면 김민규가 날마다 우리 집에 올 거다!'

다영이는 이 말을 하고 싶어 입이 근질거렸지만 꾹 참았어요. 지원이에게 말하면 은주와 혜수도 알게 될 게 뻔했거든요. 다영이는 그게 마음에 들지 않았어요.

지난번, 짝 바꾸는 날에 다영이는 다른 여자아이들처럼 민규와 짝이 되게 해 달라고 빌었어요. 그런데 짝이 되기는커녕 같은 모둠도 되지 못했어요. 은주가 민규 짝이 되고, 혜수는 민규와 같은 모둠이 되었지요. 다영이가 속상해 하는데도 은주와 혜수는 하하호호 웃으며 즐거워했어요. 그때 느낀 서운함이 아직까지 남아서 은주와 혜수에게는 알려 주고 싶지 않았던 거예요.

다영이가 지원이에게 너만 알고 있으라며 알려 줄까 말까 망설이는데 은주와 혜수가 다영이네 모둠에 와서 기웃거렸어요.

"너네 모둠은 벌써 다했어?"

다영이가 물었어요.

"응, 거의 끝나 가."

"조금만 더 하면 돼."

은주와 혜수가 잇달아 대답했어요. 그런데 둘 다 목소리에 힘이 하나도 없었어요. 하지만 다영이는 은주와 혜수의 목소리까지 신경 쓰지 못했어요. 거의 다했다는 말만 부러울 뿐이었어요.

"좋겠다. 우리는 아직 멀었는데……."

다영이의 말에 지원이도 구시렁거렸어요.

"쟤네 모둠은 김민규 혼자 다했을 텐데 뭐. 나도 민규네 모둠이었으면 좋겠다. 그럼 가만있어도 별표 받을 수 있잖아."

"그거 별로 좋지 않아. 재미없어."

은주는 시무룩하게 말하고 한숨을 쉬었어요.

"맞아. 좋을 줄 알았는데 아니야. 지원이 너는 우리 마음 모를 거야."

혜수도 은주를 따라 한숨을 푹 내쉬었어요. 그러고는 둘이 나란히 어깨를 축 늘어뜨린 채 자기 모둠으로 돌아갔어요.

"큭, 나는 알지."

상준이는 은주와 혜수 뒷모습을 보며 싱글벙글 웃었어요.

"뭔데? 쟤들 왜 저러는 건데?"

지원이가 묻자, 상준이는 기다렸다는 듯이 말했어요.

"보나마나 쟤네들 민규한테 엄청 구박받았을 거야. 김민규, 짜증 대장이잖아. 다른 애들이 하는 거 마음에 안 들면 자기 혼자 다하고. 그러고선 자기 혼자 해서 힘들다고 엄청 짜증 낸다. 작년에 마을 신문 만들 때 내가 김민규랑 같은 모둠 해 봤잖아. 내가 쓴 글씨 삐뚤빼뚤하다고, 나 때문에 신문 망쳤다고 얼마나 짜증 냈는데."

상준이 말에 다영이는 뜨끔했어요.

'김민규가 짜증 대장이라고? 그럼 언니가 본 게 맞단 말이야? 근데 난 왜 그동안 못 봤지?'

다영이는 민규네 모둠을 바라보았어요. 민규는 머리를 숙이

고 무얼 쓰고 있어서 얼굴이 보이지 않았어요.

　다영이는 상준이에게 민규가 그렇게 짜증을 많이 내냐고 물어보려다가 상준이 글씨를 보고 입을 다물었어요. 상준이 글씨는 정말 삐뚤빼뚤 엉망진창이었거든요. 다영이는 민규가 왜 짜증을 냈는지 알 것 같았어요. 민규는 글씨도 또박또박 예쁘게 잘 쓰거든요.

다영이는 마음속으로 쯧쯧쯧, 혀를 찼어요.

'에휴! 손으로 쓴 거야, 발로 쓴 거야? 그럼 그렇지, 민규가 괜히 짜증 냈겠어!'

다영이는 오히려 민규가 불쌍하다는 생각까지 들었어요.

'우리 집에 오면 잘해 줘야지.'

그 생각만으로도 다영이 얼굴에 환한 웃음이 번졌어요. 히죽히죽 웃음이 자꾸 새어 나왔어요.

알차게 보내는 방법

도대체 왜 그래?

민규가 만화 배우러 온 첫날, 시작은 아주 좋았어요.

거실에 펴 놓은 널찍한 상 앞에 앉은 민규는 어느 때보다 밝은 얼굴이었어요. 다영이가 상 한쪽에 조심스럽게 앉았을 때도 민규가 먼저 말을 걸었어요.

"너도 같이하는 거야?"

"응, 우리 엄마가 같이하랬어."

다영이 대답에 이어 언니가 민규한테 물었어요.

"너네 엄마한테도 말씀드렸다던데, 못 들었어?"

"네, 근데 상관없어요. 저는 좋아요."

민규 말을 들은 다영이는 마음이 붕 떠 날아갈 것 같았어요. 하지만 그런 기분은 오래가지 못했어요.

언니는 관절 인형을 만든다며, 사람 몸을 그린 도화지를 나눠 주고 가위로 오리라고 했어요. 머리, 몸통, 팔, 다리를 각각 오린 뒤에 연결해서 다양한 몸동작을 만들어 보는 활동이었어요. 민규는 선을 따라 열심히 가위질을 했어요. 그러다가 문득 고개를 들어 다영이가 가위질하는 걸 흘끔 곁눈질해 보았어요. 다영이는 어른처럼 매끄럽게 잘 오리고 있었어요.

민규는 자기가 쓰던 가위와 도화지를 번갈아 살펴보았어요. 아무래도 다영이 가위가 더 좋아 보였어요. 민규 가위가 지나간 자리는 도화지가 씹혀 눌리고 울퉁불퉁했거든요.

"누나, 이 가위 잘 안 들어요."

민규는 쓰던 가위를 언니에게 내밀었어요.

"어, 그래? 그럼 이거 써."

다영이는 자기 가위를 얼른 민규 것과 바꾸어 주었어요. 그런데 바꾼 가위도 잘 오려지지 않았어요. 민규는 다영이가 가위질하는 걸 다시 바라보았어요. 다영이는 민규가 쓰던 가위로도 매끄럽게 잘 오리고 있었어요. 민규는 다영이만큼 깔끔하게 오려지지 않자, 가위질하기가 싫어졌어요.

"만화 안 그려요?"

민규는 퉁명스럽게 물었어요.

"당연히 그려야지. 만화에서 중요한 게 사람 몸이거든. 어떻게 움직이면 어떤 모양이 나오나 공부해 보려는 거야. 몸동작을 제대로 공부한 다음에 만화를 그릴 거야."

언니가 자상하게 설명해 주자, 민규는 마지못해 다시 가위질을 시작했어요. 가위가 움직일 때마다 민규 입에서 짜증 섞인 한숨이 푹푹 새어 나왔어요.

"왜? 뭐가 이상해?"

언니는 민규가 가위질하는 걸 지켜보며 말했어요.

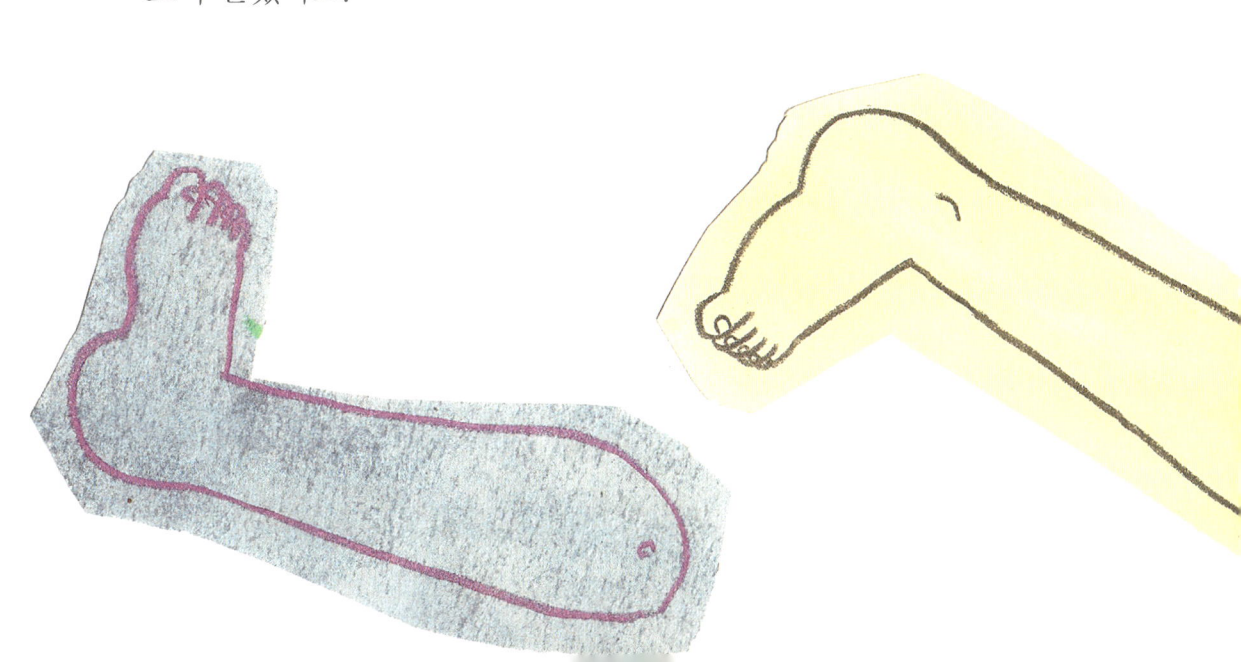

"도화지가 좀 두꺼워서 자르기 힘들지? 그래도 그 정도면 정말 잘하는 거야. 다 오리고 나면 내가 좀 다듬어 줄 테니까 잘 오리려고 너무 애쓰지 않아도 돼."

그제야 다영이는 민규가 짜증 내는 이유를 눈치챘어요.

"나는 만들고 노는 거 좋아해서 어려서부터 가위질 많이 해 봤어."

다영이는 민규의 짜증을 달래려고 한 말이었어요. 그런데 민규는 다영이 말에 더욱 짜증이 나서 톡 쏘아붙였어요.

"누가 뭐래?"

그러고는 입을 앙다물고 가위질에 열중했어요.

다영이는 안 보는 척하면서 민규가 가위질하는 모습을 슬쩍슬쩍 엿보았어요. 민규가 다 오리고 가위를 내려놓았을 때, 자기도 모르게 휴우, 한숨이 나오고 긴장이 풀렸어요.

가위질을 끝내고 여러 동작을 만들어 볼 때도 민규는 무척 열심이었어요. 그러다가 뜻대로 되지 않거나 마음에 들지 않으면 툴툴거렸어요. 다영이가 이런저런 말을 붙여 보아도 마지못

한 듯 시큰둥하게 대답했어요. 다영이는 눈치가 보여 더 이상 말을 못 붙였어요.

수업이 끝나고 민규가 돌아가자, 언니는 거실 바닥에 벌렁 드러누우며 소리쳤어요.

"으아, 한 시간이 왜 이렇게 기냐?"

다영이도 언니 옆에 똑같이 드러누웠어요.

"으응, 정말 길었어."

"처음이라 그렇겠지? 잘했어, 잘했어, 이주영!"

언니는 스스로 칭찬하며 짝짝짝 손뼉을 쳤어요.

"언니, 진짜 선생님 같았어."

다영이는 진심으로 언니를 응원해 주었어요. 다음부터는 민규가 짜증 내지 않기를 바라면서요.

짜증도 옮나 봐

다영이의 바람은 이루어지지 않았어요.

민규의 짜증은 날이 갈수록 심해졌어요. 사흘째 되는 날에는 다영이네 현관문에 들어설 때부터 얼굴을 어찌나 찡그리고 있던지, 이마에 '나 짜증', '건들지 마시오'라고 쓰여 있는 것 같았어요.

민규가 짜증을 내는 만큼 다영이와 언니는 힘들었어요. 다영이는 은주와 혜수의 마음이 어땠을지 이해할 수 있었어요. 상준이가 했던 말도 생각났어요.

'옆에서 짜증 내는 걸 보는 것도 힘든데, 나한테 뭐라고 하면 정말 속상할 거야.'
다영이는 되도록이면 민규에게 잔소리 들을 일을 만들지 않으려고 신경을 곤두세웠어요. 그러다 보니 가장 재미있는 만화 그리기도 심드렁하게 느껴지고, 시간이 빨리 갔으면 좋겠다는 생각만 들었어요.
"아, 짜증쟁이 김민규!"
수업을 마치고 민규가 집을 나서자마자 언니는 못 쓰게 된 종이를 두 손으로 꽉꽉 눌러 둥글게 뭉쳤어요.
"도대체 나한테 왜 그러냐고, 왜!"
언니는 씩씩대며 이 종이, 저 종

이 마구 구겨 종이 뭉치를 여러 개 만들어서 거실 벽에 차례로 집어 던졌어요.

다영이는 어려서부터 언니한테 야단을 많이 맞았지만, 언니가 저렇게 화내는 건 처음 봤어요. 언니는 여지껏 화가 나도 말로만 뭐라고 했거든요.

언니가 던진 종이 뭉치는 거실 벽에 부딪치고 떨어져서 여기저기 뒹굴었어요.

"너도 민규가 이렇게 심한 짜증쟁이인 줄 몰랐지?"

언니는 종이 뭉치를 주워 다시 던지며 물었어요.

다영이는 아무 말도 하지 않고 고개만 보일 듯 말 듯 살짝 끄덕였어요. 언니는 종이 뭉치를 던지느라

다영이의 고갯짓을 보지 못했어요. 하지만 다그쳐 묻지 않고 혼자 중얼거렸어요.

"몰랐겠지. 알고 좋아했을 리가 있겠어?"

이번에도 다영이는 뭐라 할 말이 없었어요. 솔직히 하루 전만 됐어도 언니 말을 걸고넘어지면서 민규는 짜증쟁이가 아니라고 민규 편을 들었을 거예요. 하지만 이제 다영이도 그러고 싶지 않았어요. 오히려 끝까지 수업하는 언니가 참 대단하다는 생각마저 들었어요.

민규는 그림을 그리다 마음에 들지 않으면 짜증을 내며 자기가 그린 그림을 연필로 박박 그어 망가뜨렸어요. 종이가 찢어지고 나서야 멈추었지요. 그때도 언니는 입을 꾹 다물고 바라만 보았거든요.

"언니, 아까 민규가 성질 부렸을 때 왜 가만히 있었어? 내가 그렇게 했으면 가만 안 뒀을 텐데 민규한테는 잘 참더라."

"한 대 쥐어박고 싶은 걸 참느라 혼났다. 어휴, 세상에 쉬운 일이 없다는 말이 맞아. 내 친구들은 초등학생이랑 놀아 주고

돈 버는 아르바이트한다고, 부럽다고 난리인데……. 내가 이렇게 고생하는 걸 못 봐서 그렇지, 어휴!"

"언니, 짜증도 옮나? 민규가 짜증 내면 나도 덩달아 짜증이 나려고 해."

"진짜 옮나 봐. 나도 막 짜증이 나."

언니는 다영이 말에 맞장구쳤어요. 그리고 거실 한쪽 벽으로 가서 물구나무를 섰어요.

"그런 몹쓸 병은 절대 전염되면 안 돼. 내 성질 나빠지면 나만 손해잖아. 이다영, 너도 물구나무 서 봐. 이렇게 하면 머리가 맑아져."

다영이는 고개를 절레절레 흔들었어요. 거꾸로 서 있는 언니를 보는 것만으로도 세상이 뒤집어진 것 같은 생각이 들고 기분이 이상했어요.

언니는 물구나무를 서고 난 뒤에도 좀처럼 기분이 나아지지 않는 것 같았어요.

"아휴, 쪼그만 녀석이 짜증 내는 걸 한 시간 내내 받아 줬더니 속에서 열불이 나네."

그러고는 에어컨 세기를 높였어요. 찬바람이 쌩쌩 나왔어요.

"이게 다 뭐야?"

엄마가 집에 들어서며 버럭 화를 냈어요.

에어컨은 있는 대로 세게 틀어 놓고, 민규와 공부한 책상은 엉망인 채로 널브러져 있고, 종이 뭉치는 여기저기 나뒹굴고 있었어요. 언니와 다영이는 아무렇게나 쓰러져 넋 빠진 사람들처럼 있었고요. 마치 태풍이 불고 지나간 자리 같았어요.

"공부 끝났으면 정리해야지, 이게 뭐야? 그리고 에어컨은 왜 이리 세게 틀어 놨어? 전기료 아끼려고 학원에서도 세게 틀지 못하는데!"

엄마는 리모컨으로 에어컨 세기를 줄이며 나무랐어요. 언니는 힘없는 목소리로 하소연했어요.

"엄마! 나, 김민규 가르치다가 스트레스 받아 죽을 거 같아."

그제야 엄마는 목소리를 조금 누그러뜨리고 말했어요.

"그러게 옛말에 훈장 똥은 개도 안 먹는다고 하잖아. 하도 속

을 썩어서 개도 못 먹을 정도라는 거야. 남 가르치는 일이 얼마나 힘든 줄 이제 알겠니?"

엄마 말에 언니 목소리가 날카로워졌어요.

"엄마! 설마 민규 가르치면서 나도 배우는 게 있을 거라던 게 그거였어? 나는 예전부터 엄마, 아빠 고생하는 거 잘 알고 있었단 말이야!"

"알아, 알아. 그런 거 아니니까 목소리 높이지 마. 엄마도 오늘 너무 힘들어 지친다. 그래도 민규는 말귀도 잘 알아듣고 재주도 있잖아? 민규 엄마가 칭찬 많이 하던데."

엄마는 예민해진 언니를 건드리고 싶지 않았어요.

"그러니까 말이야. 곧잘 하는데 왜 그러는지 모르겠다니까. 칭찬해도 그때뿐이고, 금방 짜증만 내."

"저런, 민규가 스트레스를 많이 받나 보네. 그러니 짜증을 많이 내겠지."

엄마는 민규를 이해해 보려 했지만, 언니는 도무지 이해할 수 없었어요.

"걔가 왜? 자기가 하고 싶다고 해서 시작한 거고, 잘한다, 잘한다 칭찬해 주는데 왜? 하기 싫으면 안 하면 되잖아. 왜 얼굴 팍 찡그리고 콧김을 팍팍 내뿜냐고. 앞으로 또 그러면 참지 않을 거야!"

언니는 주먹을 불끈 쥐고 눈에 힘을 주었어요.

다들 그만해

언니는 '소풍'을 주제로 네 컷 만화를 그리라고 했어요.

잠깐 생각에 잠겼던 민규는 환하게 웃으며 좋아했어요. 아주 재미난 이야기가 생각났거든요.

"동물들이 나와도 되는 거죠?"

"그럼! 동물들 소풍이라니 재미있겠다. 먼저 어떤 이야기인지, 어떻게 풀어낼 건지 잘 생각해 보고 밑그림부터 그려. 밑그림 다 그리면 보여 주고."

"네."

민규는 선뜻 대답하고 그림을 그리기 시작했어요.

'오늘은 웬일이지? 기분이 좋은가 보네.'

언니와 다영이는 한시름 놓았어요. 아주 잠깐 동안이요.

민규는 자기가 생각한 대로 그려지지 않자, 또 슬슬 짜증을 내기 시작했어요. 자기가 그린 그림을 지우는 손짓이 거칠어졌어요.

'아, 또 시작이다.'

언니는 심호흡을 하고 차분하게 설명해 주었어요.

"그림 실력은 하루아침에 좋아지지 않아. 그러니까 너무 급하게 잘하려고 하지 않아도 돼. 오늘은 이야기 만드는 공부를 하는 거니까 이야기에 더 신경 써 봐."

하지만 민규는 언니 말을 듣고도 입을 꾹 다문 채 지우개질을 멈추지 않았어요.

"뭐가 마음에 안 드는 것 같은데 내가 좀 도와줄까?"

언니가 다시 마음을 다잡고 좋은 말로 물었지만, 민규는 퉁명스럽게 대답했어요.

"됐어요. 내가 할 거예요."

"그래, 그런데 기분 좋게 하면 안 돼? 하기 싫은 거 억지로 하려고 온 거 아니잖아. 즐겁게 해야 더 잘돼."

언니 말에 민규는 입을 삐죽거렸어요. 그 모습에 언니는 욱 하고 화가 치밀었어요.

"김민규!"

언니가 자기도 모르게 꽥 소리쳐 부른 순간, 엄마 말이 떠올랐어요.

"어려서 그런 건데 잘 타일러야지, 어린애랑 똑같이 싸우면 되겠어?"

언니가 다영이와 싸울 때마다 엄마한테 들은 말이었어요.

'그래, 나는 선생님인데 싸우지 말고 야단을 쳐야지.'

언니는 화를 삭이기 위해 주방으로 가서 찬물을 벌컥벌컥 마셨어요.

그사이 다영이는 민규 그림을 슬쩍 넘겨다보았어요. 민규는 여전히 코끼리를 지우고 있었어요. 기다란 코를 보면 코끼리인데 나머지 모습을 보면 강아지 같기도 하고, 송아지 같기도 했어요.

"아, 잠깐만."

다영이는 무심코 민규 그림을 가져와서 귀를 커다랗게 그려 넣어 주었어요.

"코끼리는 코도 중요하지만 귀를 이렇게 그려야 돼."

귀가 넙적하게 커지자, 진짜 코끼리같이 그럴싸해 보였어요.

"아……."

민규도 신기해 했어요.

"너도 해 봐."

다영이가 말한 대로 민규는 빈 종이에 코끼리를 큼직하게 그려 보았어요. 다영이가 그린 것을 보고 그대로 따라 그렸는데 다영이가 그린 코끼리와 많이 다른 것 같았어요. 그래도 민규는 새로 그린 코끼리가 무척 마음에 들었어요. 다영이는 그런 민규 마음을 알아채지 못하고 민규 그림을 다시 가져가서 고쳐 주었어요.

"이쪽은 이렇게 둥글게 하고……."

다영이는 혼자 신이 나서 민규 그림을 여기저기 다듬기 시작했어요. 그러는 동안 민규 얼굴이 점점 일그러지는 걸 보지 못

한 채로요.

"어때?"

다영이가 그림을 내밀며 물었어요. 입을 꾹 다물고 바라보던 민규는 갑자기 그림을 집어 북북 찢었어요. 다영이는 깜짝 놀라 입을 떠억 벌렸어요. 그러고 있을 때 언니가 주스를 가져오며 말했어요.

"얘들아, 우리 주스 한 잔 마시고 잠깐 쉬었다 하자."

민규는 찢은 종이를 상 밑으로 밀어 넣어 버렸어요.

"저, 종이 한 장 다시 주세요."

민규 말이 끝나기가 무섭게 다영이가 민규를 쳐다보며 소리를 버럭 질렀어요.

"야, 김민규!"

민규보다 언니가 더 크게 놀랐어요.

"뭐야? 왜 그래?"

언니가 묻는 말에 다영이와 민규가 동시에 대답했어요.

"얘가 내가 그린 그림을 찢어 버리잖아!"

"이다영이 내 그림을 제멋대로 고쳤어요!"

둘이 한꺼번에 말하는 바람에 언니는 무슨 말인지 하나도 알아듣지 못했어요.

"한 사람씩 말해!"

하지만 다영이와 민규는 언니 말에는 아랑곳하지 않고 서로 자기 말만 했어요.

다영이는 정말 단단히 화가 났어요. 좋아하는 민규에게 도움이 되었다는 생각에 뿌듯했는데, 고마워하기는커녕 찢어 버리다니, 어이가 없었어요. 그동안 민규의 짜증에 마음 졸이며 참아 왔던 것이 분했어요.

생각할수록 분한 다영이는 "악악!" 소리를 질렀어요. 그러자 민규도 지지 않고 두 손으로 제 귀를 막은 채 소리를 질러 댔어요.

"그만해, 그만하지 못해!"

언니도 목청껏 소리를 질러 버렸어요.

왜 그런지 말해 봐

다영이는 침대 위에 벌렁 드러누웠어요. 언니가 민규와 둘이서만 할 이야기가 있다고 다영이를 방으로 들여보냈거든요. 팔다리를 쫙 펴고 침대에 누워 천장을 바라보니 벌렁벌렁 마구 방망이질 치던 심장이 차츰 가라앉았어요. 마음이 차분해지자, 민규 앞에서 고래고래 소리를 질렀던 게 조금 창피했어요.

"이게 다 김민규 때문이잖아. 애써 도와줘도 고마운 줄도 모르고!"

혼자 중얼거리고 나니 민규가 언니에게 뭐라고 말할지 궁금

했어요.

 다영이는 방문에 귀를 바짝 대고 언니와 민규가 무슨 이야기를 하나 들어 보려고 했어요. 두런두런 말하는 소리는 들리는데 무슨 말인지 잘 들리지는 않았어요. 하지만 민규가 화를 내거나 언니가 야단치지 않는다는 건 알 수 있었어요.

 언니는 민규를 야단칠 생각이 전혀 없었어요.

"왜 그렇게 짜증을 내는 거야?"

민규는 선뜻 대답하지 않았어요.

언니는 부드러운 목소리로 다시 물었어요.

"응? 민규야, 네가 자주 짜증을 내니까 나도 너무 힘들어. 도대체 왜 그러는 거야?"

"몰라요."

대답하기 싫어서 그렇게 말한 게 아니었어요. 민규도 자기가 왜 그러는지 잘 몰랐어요.

"잘 생각해 봐. 분명히 이유가 있을 거야. 좀 전에 다영이하고는 왜 그런 거야?"

언니 말에 민규는 바로 전 일을 떠올렸어요.

"내가 그린 코끼리요, 마음에 들었는데 다영이가 자기 마음대로 고치잖아요. 나한테 묻지도 않고."

"그래? 그건 다영이가 잘못했네."

언니가 대뜸 그렇게 말하자, 민규는 속상했던 마음이 확 풀리는 것 같았어요. 그러고 나자 고자질한 것 같아 다영이에게

미안하기도 했어요.

"아니, 다영이가 코끼리 그리는 걸 가르쳐 줬거든요."

"응, 그랬구나. 그럼, 오늘은 코끼리가 안 그려져서 짜증이 났던 거야?"

"네, 코끼리는 몸집이 크니까 엄청 많이 먹어야 하잖아요. 그래서 소풍 갈 때 어마어마하게 큰 도시락을 싸야 하는 거예요."

"아, 재미있겠다."

언니가 칭찬해 주었는데 민규는 도리어 풀이 죽었어요.

"그런데 코끼리를 잘 못 그리겠어요."

"그러니까 배우러 온 거잖아."

"그래도……."

민규는 얼굴을 찡그렸어요.

"너, 공부 잘한다면서? 피아노도 잘 치고. 근데 만화도 금방 잘하고 싶어? 이제 막 시작해 놓고?"

언니 말에 민규는 뜻밖이라는 듯 물었어요.

"뭐든 시작했으면 잘해야 하는 거 아니에요?"

"잘하면 좋지만 못할 수도 있고…….."

언니 말을 민규가 잘랐어요.

"아니에요. 우리 엄마가 뭐든 시작하면 다 잘해야 한댔어요. 자신 없는 건 시작도 하지 말라고 그랬다고요."

"정말? 아, 그건 아닌데……. 에휴, 너, 그동안 뭐든 다 잘하려니까 너무 힘들었겠다."

언니는 민규가 불쌍하게 여겨졌어요.

"민규야, 나랑 공부할 때는 못해도 돼. 재미있게, 열심히 하다 보면 잘하게 되니까."

민규는 언니를 똑바로 바라보았어요.

"정말 못해도 돼요?"

언니는 웃는 얼굴로 천천히 고개를 끄덕였어요.

"못해도 돼."

"그런 말, 처음 들어요."

민규는 마음속 깊이 자리 잡고 있던 커다란 돌덩이가 둥실 떠올라 스르륵 연기처럼 사라지는 것 같았어요. 홀가분한 기분에 금방이라도 눈물이 쏟아질 것 같았지요. 눈물을 참으려고 얼굴을 찡그렸어요. 짜증 낼 때와는 다른 표정이었어요.

언니는 민규 얼굴을 가만히 눈여겨보다가 손뼉을 짝 쳤어요. 그 소리에 민규가 화들짝 놀랐어요.

"아, 미안. 갑자기 생각난 게 있어서. 너, 내가 그린 그림 한번 볼래?"

언니는 싱긋 웃고는 작은 스케치북을 민규 앞에 내밀어 보였어요. 그 안에는 찡그린 남자아이 얼굴이 가득 그려져 있었어요. 모두 찡그린 표정인데 똑같은 건 하나도 없었어요. 닮은 것 같으면서도 조금씩 다 달랐어요. 찡그린 얼굴 그림을 들여다보는 동안 민규 얼굴도 똑같이 찡그려졌어요.

"이거, 혹시 나예요?"

민규는 속상한 마음으로 스케치북을 넘겨보며 물었어요.

"응, 내가 날마다 네 얼굴을 관찰해서 그려 봤거든. 어때, 닮은 거 같아?"

"똑같아, 똑같아. 아주 못생긴 게 똑 닮았네."

다영이가 말했어요. 방에서 기다리다가 슬그머니 나온 거였어요.

"흥, 나는 방에 가둬 두고 자기들끼리만 이렇게 재미난 걸 보고 있다니 너무한 거 아냐?"

다영이는 발을 쿵 굴렸어요.

"너 빠지니 분위기 아주 좋다."

언니가 웃으며 약 올렸어요.

민규도 얼결에 따라 웃고 나서 언니에게 물었어요.

"여기에 뭐 하나 그려 넣어도 돼요?"

민규는 언니가 그린 많은 얼굴 가운데 하나를 가리켰어요.

"응, 그려도 돼. 뭐가 빠졌어?"

언니가 묻자, 민규는 짧은 머리를 덧칠해 단발머리로 만들었어요. 그러고는 다영이를 힐끔 쳐다보았어요.

"푸하하, 이다영이야?"

언니는 웃음을 터뜨렸어요.

"뭐가 나야?"

다영이는 발끈하는데 언니는 웃음을 참느라고 애쓰며 말했어요.

"하하! 민규 너, 어쩜 이리 똘똘하냐? 대번에 특징을 잡아냈네. 그러고 보니 너네 닮았다, 닮았어."

"안 닮았어!"

다영이는 딱 잘라 말했어요. 하지만 기분은 나쁘지 않았어요. 언니도 웃고, 민규도 웃으니 이제야 다영이가 바라던 즐거운 방학이 된 것 같았어요. 다영이도 씨익, 입꼬리가 올라갔어요.

스트레스, 썩 물러가거라!

"오늘은 아주 중요한 공부를 할 거야. 내가 민규를 위해서 특별히 준비했지."

언니는 뻐기는 말투로 스케치북을 하나씩 나누어 주었어요. 스케치북 맨 위에는 '스트레스, 썩 물러가거라!'라고 크게 쓰여 있었어요. '썩' 자는 빨간색에 다른 글자보다 조금 더 컸어요.

"이게 뭐야?"

"공부할 때는 선생님이니 높임말 쓰랬지?"

언니가 지적하자, 다영이는 재깍 두 손을 공손하게 모으고

장난스럽게 말했어요.

"이게 무엇이옵니까?"

민규가 픗 웃었어요.

"잘 들어 봐. 오늘 수업 주제는 스트레스를 푸는 방법이야. 민규는 뭐든 잘하고 싶어서 스트레스를 받잖아."

언니는 거기까지 말한 뒤에 다영이에게 눈을 맞춘 채 말을 이었어요.

"누구는 뭐든 하기 싫어서 스트레스를 받고."

다영이는 그게 자기를 두고 하는 말이라는 걸 뻔히 알고 천연덕스럽게 말했어요.

"만화는 빼 줘. 만화는 싫지 않아."

언니는 웃으며 어깨를 으쓱했어요.

"스트레스를 하나도 안 받고 살 수는 없대. 근데 스트레스가 쌓이면 병이 되잖아. 그러니까 쌓이지 않게 그때그때 풀어야 해. 스트레스 푸는 방법에는 뭐가 있는지, 오늘은 그걸로 만화를 그릴 거야. 먼저 이 스케치북에 스트레스 푸는 방법을 아는 대로 그려 넣어. 방법 하나에 그림 하나씩, 글자는 쓰지 말고. 그림만 보고 그게 뭔지 서로 맞혀 보기 할 거야."

"우아, 재미있겠다."

다영이는 신이 났어요.

"아……."

민규는 뭐라고 말하려다 말고 쭈뼛거렸어요.

"왜?"

언니가 물었어요.

"나는 그림을 잘 못 그리잖아요. 무슨 그림인지 못 알아볼 텐데……."

"아!"

다영이는 외마디 소리를 내고 언니에게 따졌어요.

"언니, 민규를 위한 수업이라며?"

"응, 못 그려도 돼. 못 알아보면 다영이가 못 맞히잖아. 그럼 민규가 이기는 거야."

언니 말에 민규는 웃으며 알겠다는 듯 고개를 끄덕이고, 다영이는 어이없다는 얼굴로 "뭐라고? 그게 뭐야?" 하고 코웃음을 쳤어요.

"부담 갖지 말고 자기 능력대로 할 수 있는 데까지 하면 돼. 자, 그럼 시작해 보자."

언니 말이 끝나자, 민규는 '스트레스, 썩 물러가거라!' 글씨 바로 아래에 칫솔을 그렸어요. 민규 엄마는 기분이 언짢아지면 이를 닦는 버릇이 있거든요. 입안이 상쾌해지면 기분도 나아진다고요.

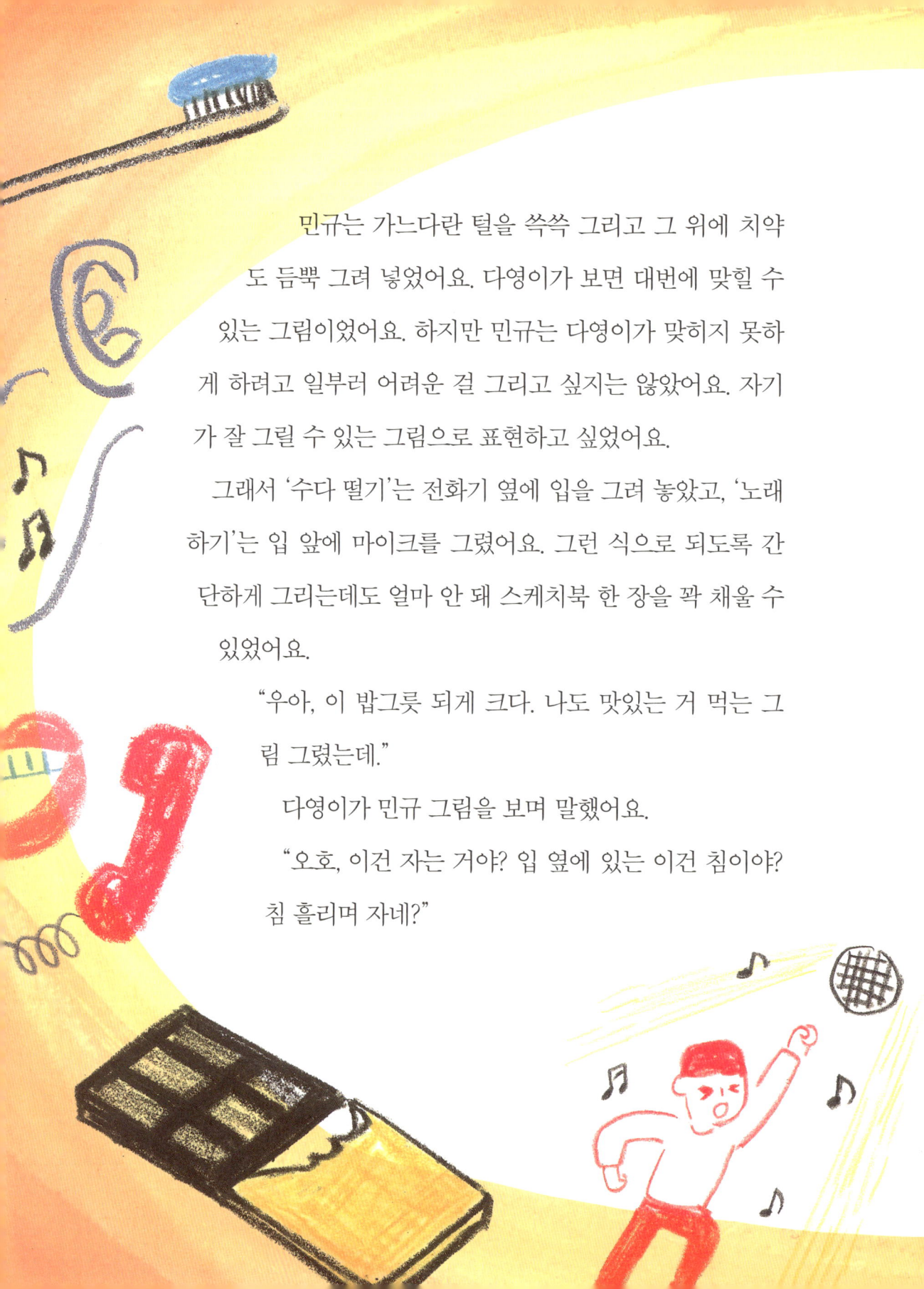

민규는 가느다란 털을 쓱쓱 그리고 그 위에 치약도 듬뿍 그려 넣었어요. 다영이가 보면 대번에 맞힐 수 있는 그림이었어요. 하지만 민규는 다영이가 맞히지 못하게 하려고 일부러 어려운 걸 그리고 싶지는 않았어요. 자기가 잘 그릴 수 있는 그림으로 표현하고 싶었어요.

그래서 '수다 떨기'는 전화기 옆에 입을 그려 놓았고, '노래하기'는 입 앞에 마이크를 그렸어요. 그런 식으로 되도록 간단하게 그리는데도 얼마 안 돼 스케치북 한 장을 꽉 채울 수 있었어요.

"우아, 이 밥그릇 되게 크다. 나도 맛있는 거 먹는 그림 그렸는데."

다영이가 민규 그림을 보며 말했어요.

"오호, 이건 자는 거야? 입 옆에 있는 이건 침이야? 침 흘리며 자네?"

언니도 민규 그림을 보았어요.

"어떻게 알았어요?"

민규는 다영이와 언니가 자기 그림을 척척 알아맞히는 걸 보고 놀랐어요. 그리고 그만큼 기분이 좋아졌어요.

"자, 그럼 이건 뭘까?"

언니는 자기가 그린 그림을 들어 보여 주었어요. 어떤 사람이 고릴라처럼 자기 가슴을 쿵쿵 치는 그림이었어요.

"때리기?"

"가슴 두드리기?"

다영이와 민규가 거의 동시에 말했어요.

"맞아, 맞아. '몸 털기'라고 이렇게 자기 몸을 구석구석 두드리고 흔들어 주는 것도

스트레스를 푸는 데 도움이 된대."

언니는 자리에서 일어나 시범을 보였어요. 도리도리 머리를 젓고, 오른손으로 왼쪽 팔을 두드리고, 왼손으로 오른쪽 팔을 두드리고, 두 팔을 벌려 덜덜덜 흔들었어요. 그런 뒤에 다리도 그렇게 두드리고 흔들었어요. 지켜보던 다영이와 민규도 일어나서 언니를 따라하며 키득키득 웃었어요.

스트레스 푸는 방법 그리기는 한 시간을 훌쩍 넘어서까지 이어졌어요. 민규는 인터넷으로 다른 사람들이 즐겨 쓰는 방법을 찾아보기도 했어요. 햇빛 쪼이기, 산책하기, 음악

듣기, 그림 그리기, 운동하기, 춤추기, 초콜릿 먹기처럼 셀 수 없이 많은 방법들이 나왔어요.

언니가 민규를 위해 준비한 수업은 대성공이었어요. 민규는 언니와 다영이가 얼굴을 찌푸리며 "그게 뭐야?" 하고 물을 때도 짜증 내지 않고 "이걸 못 알아보는 거야? 그럼 내가 이긴 거다." 하며 즐거워했어요.

민규가 웃으면 다영이와 언니도 따라 웃었어요.

"언니, 웃음도 옮나 봐."

다영이가 밝은 목소리로 말했어요.

이제 같이 웃어 봐

 방학이 끝나고 개학을 하자, 짝을 바꾸는 제비뽑기를 다시 하게 되었어요. 아이들은 끼리끼리 모여 누구와 짝이 되고 싶은지 이야기를 나누었어요.

 은주가 말했어요.

 "나는 고상준과 짝이 되고 싶어. 방학 때 캠프에서 만났는데 얼마나 웃겼는지 몰라. 고상준, 춤 되게 잘 춘다."

 "아, 그래? 몰랐네. 지원이 너는?"

 다영이가 지원이에게 물었어요.

"나는 김민규."

지원이 말에 은주는 손사래를 쳤어요.

"안 돼, 안 돼. 김민규랑 짝 되면 얼마나 피곤한데. 보나마나 후회할 거야."

"맞아, 맞아."

혜수가 맞장구를 쳤어요.

다영이는 속으로 빙그레 웃으며 '민규와 짝이 되게 해 주세요.' 하고 빌었어요. 다영이의 기도가 끝나자마자 지원이가 말했어요.

"근데 김민규 좀 변한 것 같지 않아? 내가 화장실 갈 때 서두르다가 툭 쳤는데 민규가 웃는 얼굴로 미안하다고 그랬어."

"정말?"

은주는 믿지 못하는 눈치였어요. 미안하다는 말은 할 수 있다 쳐도 웃는 얼굴이었다니 선뜻 믿기 어려웠던 거예요.

다영이는 다시 한 번 속으로 빌었어요.

'민규랑 짝이 되게 해 주세요. 짝이 되어서 방학 때처럼 재미있게 지내고 싶어요.'

　민규는 방학 내내 스트레스를 받았다 싶으면 바로 "스트레스, 썩 물러가거라!" 하며 그때그때 풀어 버렸어요. 그 바람에 짜증이 눈에 띄게 줄고 얼굴도 밝아졌어요.

　드디어 기다리던 제비뽑기를 했어요. 하지만 이번에도 다영이는 민규와 짝이 되지 못했어요. 같은 모둠도 아니었고요. 지원이가 민규 짝이 되었어요. 다영이는 공부하는 내내 민규와 지원이를 힐끔거리고 보았어요. 민규는 한 번도 얼굴을 찡그리지 않았어요. 지원이도 편안해 보였고요. 모둠 활동 시간에는

하하하 웃음 소리까지 크게 들렸어요.

공부를 마치고 집에 가려고 나설 때도 민규는 웃는 얼굴로 몇몇 아이들에게 둘러싸여 있었어요.

다영이는 은근히 샘이 나고 서운한 마음도 들었어요.

'아, 쌓이기 전에 풀어야지. 스트레스, 썩 물러가거라!'

다영이는 도리도리 고개를 돌리고 두 팔을 탈탈 털었어요.

다영이가 운동장을 가로질러 가는데 뒤에서 민규가 소리쳐 불렀어요.

"이다영, 같이 가자!"

다영이는 못 들은 척하고 걸어갔어요. 뒤에서 민규가 뛰어오는 소리가 들렸어요. 다영이의 발걸음이 한결 가벼워졌어요.

| 부록 |

짜증 내지 않고 스트레스 조절하기

- 나는 스트레스를 잘 받는 아이일까, 스트레스를 잘 푸는 아이일까?
- 스트레스를 시원하게 날려 버리는 방법
- 나만의 스트레스 해소법

나는 스트레스를 **잘 받는 아이**일까, 스트레스를 **잘 푸는 아이**일까?

누나, 저는 사실 스트레스가 뭔지 잘 몰랐어요. 그냥 기분이 나쁘면 짜증을 낼 뿐이었지요.

스트레스는 어떤 일이나 상황에 대해 느끼는 불안이나 긴장이야. 그 불안이나 긴장이 사람에 따라 짜증으로 표현되기도 하지. 스트레스를 그때그때 풀지 않으면 나중에 큰 병에 걸릴 수도 있어. 모든 병은 마음에서 오거든.

언니, 나는 스트레스 받은 것도 없는데 왜 가끔 짜증 나지?

네가 미처 깨닫지 못해서 그렇지, 잘 생각해 보면 짜증 날 만한 이유가 있었을 거야.

누나, 스트레스를 잘 받는 아이와 잘 푸는 아이는 어떻게 달라요?

스트레스를 잘 받는 아이는 민규 너 같은 아이고, 잘 푸는 아이는 나 같은 아이지.

다영아, 자꾸 그러면 민규 또 스트레스 받는다. 스트레스를 하나도 안 받고 살 수는 없어. 민규 말대로 스트레스를 받을 때도, 풀 때도 사람마다 서로 다른 차이가 있는 거야. 그럼, 다음 글을 보고 각자 어떤 유형인지 생각해 보자. 어린이 여러분도 생각해 보세요.

스트레스를 많이 받는 아이

- 낯선 것에 대한 두려움이 많다.
- 무슨 일이든 남한테 지는 걸 싫어한다.
- 계획을 세우면 반드시 지켜야 한다.
- 예민하다는 말을 자주 듣는다.
- 내가 한 일에 칭찬 받기를 바란다.
- 느긋하게 기다리지 못한다.

스트레스를 적게 받는 아이

- 낯선 것에 대한 호기심이 많다.
- 내가 잘할 수 있는 일이 있다고 믿는다.
- 여럿이 어울려 함께하는 일이 즐겁다.
- 사람은 모두 실수하며 배운다고 생각한다.
- 내가 괜찮은 아이라고 생각한다.
- 느긋하다는 말을 자주 듣는다.

스트레스를 잘 푸는 아이

- 기분 나쁜 일도 금세 잊어버린다.
- 일이 뜻대로 되지 않을 때 그럴 수도 있다고 생각한다.
- 속상한 일이 생기면 기분을 바꿔 보려고 한다.
- 스스로 기분 좋게 하는 방법을 알고 있다.
- 내 마음을 누군가에게 솔직하게 털어 놓는다.

스트레스를 쌓아 두는 아이

- 기분 나쁜 일은 마음에 담아 두고 오래 생각한다.
- 일이 뜻대로 되지 않으면 바보가 된 기분이 든다.
- 속상한 일이 생기면 남 탓을 하고 미워한다.
- 딱히 좋아하는 일이나 취미가 없다.
- 내 생각을 남에게 말하기 싫어한다.

스트레스를 시원하게 날려 버리는 방법

1 꼼꼼하게 뜯어보아요.

무슨 일로 스트레스를 받았는지, 이유를 찾아보아요. 그리고 그 이유에 맞는 해결 방법을 찾아요. 원인을 내버려 둔 채 잊으려고 하거나 기분만 바꾸면 같은 일이 또 일어나기 쉽거든요.

2 건강이 으뜸이에요.

평소 규칙적으로 먹고 운동을 해요. 몸이 건강하면 스트레스를 덜 받고, 스트레스를 받아도 거뜬히 이겨 낼 수 있거든요. 스트레스가 생겼을 때, 운동을 하는 것도 좋은 방법이에요.

3 가까운 사람과 수다를 떨어요.

가족이나 친구에게 마음을 털어놓아요. 말로 쏟아 내는 것만으로도 웬만한 스트레스는 쉽게 풀 수 있어요.

4 몸도 마음도 푹 쉬어요.

몸과 마음이 힘들면 작은 스트레스도 크게 받아들여질 수 있어요. 산책을 하거나 잠을 자면 긴장이 풀리고 스트레스가 사라져요.

5 좋아하는 일을 해요.

노래를 하거나, 춤을 추거나, 자기가 좋아하는 일을 하면 스트레스가 날아가요. 맛있는 걸 먹는 것도 좋고, 재미난 책이나 영화를 보는 것도 좋아요. 평소에 자신에게 맞는 취미 생활을 만들어 놓는 것도 좋지요.

나만의 스트레스 해소법

앞에서 주영이 언니가 알려 준 것처럼 여러분도 스트레스 푸는 방법을 아는 대로 그려 보세요. 그리고 스트레스가 쌓일 때마다 하나씩 해 보세요.

스트레스 푸는 방법을 알려주는 책
왜 자꾸 짜증 나지?

초판 1쇄 발행 2015년 7월 30일　**초판 12쇄 발행** 2021년 5월 4일

글 양지안　**그림** 김다정
펴낸이 이승현

편집3 본부장 최순영
교양 학습 팀장 김문주
디자인 오세라

펴낸곳 ㈜위즈덤하우스　**출판등록** 2000년 5월 23일 제13-1071호
제조국 대한민국　**주소** 경기도 고양시 일산동구 정발산로 43-20 센트럴프라자 6층
전화 031)936-4000　**팩스** 031)903-3893　**홈페이지** www.wisdomhouse.co.kr

ⓒ양지안, 2015
ISBN 978-89-6247-624-8 74810
ISBN 978-89-92010-33-7(세트)

* 이 책의 전부 또는 일부 내용을 재사용하려면 반드시 사전에 저작권자와 ㈜위즈덤하우스의 동의를 받아야 합니다.
* 인쇄·제작 및 유통상의 파본 도서는 구입하신 서점에서 바꿔드립니다.
* 책값은 뒤표지에 있습니다.
* 이 책의 사용 연령은 8~13세입니다.